Vorwort

Draußen wird es wieder kälter, die Nächte werden länger. Weihnachten steht vor der Tür. Alles duftet nach Plätzchen, Gewürzen und Kuchen. Besonders einfach und schnell gelingen die Rezepte mit dem Thermomix TM5. Sie finden darin auch ganz neue und einzigartige Kreationen. Ich wünsche Ihnen viel Spaß beim Nachzaubern.

Inhaltsangabe

Vorwort
Spritzgebäck mit Marzipan
Dänische Gewürzkekse
Walnusskipferl
Vanillekipferl
Schneeflöckchen
Zimtbällchen
Marzipan Kokosmakronen
Zimt Haferkekse
Muskatplätzchen
Butterplätzchen
Lebkuchen Mandeln
Zimt Macarons
Heidelbeere Macarons
Knusprige Kaffee Plätzchen
Haferflocken Nuss Plätzchen
Spekulatius
Gewürzschnitten
Eierlikör Kuchen
Haselnuss Zimt Kuchen
Apfel Zimt Muffins
Apfel Marzipan Muffins
Apfel Nuss Brot
Zimt Curd
Erdbeere Eierlikör Marmelade

Bananen Zimt Marmelade
Maronen Pflaumen Marmelade
Apfel Spekulatius Marmelade
Pflaumen Lebkuchen Marmelade
Apfel Zimt Ingwer Marmelade
Brombeeren Rum Marmelade
Datteln Schokolade Marmelade
Weihnachts Creme Cappucino
Gewürz Likör
Marzipan Likör
Weihnachts Apfelmus

Bunte Smoothies

Granatapfel Smoothie
Affenbrot Smoothie
Cerealien Smoothie
Birnen Smoothie
Avocado Spinat Bananen Smoothie
Heidelbeere Mango Smoothie
Heidelbeere Orangen Bananen Mohn Smoothie
Zitronen Minze Smoothie
Erdbeer Bananen Smoothie
Aprikosen Honig Smoothie
Bunte Fruchtexplosion
Feigen Schoko Smoothie

Mandarinen Mango Bananen Smoothie
Möhren Smoothie
Avocado Bananen Mandel Smoothie
Orangen Ingwer Smoothie

Grüne Smoothies

Kiwi Gurken Smoothie
Limetten Traum
Spinat Granatapfel Smoothie
Gurken Schnittlauch Smoothie
Grünkohl Smoothie
Rosenkohl Spinat
Apfel Staudensellerie Smoothie
Schnittlauch Salat Smoothie
Spinat Bananen Smoothie
Gurken Joghurt Smoothie
Honigmelonen Kiwi Smoothie
Petersilien Gurken Smoothie

Spritzgebäck mit Marzipan

Zutaten
250 g Butter
100 g Zucker
250 g Marzipanrohmasse
1 Ei
120 g Speisestärke
280 g Mehl
1 Teelöffel Backpulver
1 EL Zitronensaft
1 Prise Zimt

Zubereitung
Alle Teigzutaten in den Mixtopf geben. Auf Stufe 5/ 30 Sekunden mixen, danach auf Teigstufe 2 Minuten kneten. In eine Gebäckpresse füllen und ein mit Backpapier ausgelegtes Blech geben. Bei 180 Grad ca. 18 Minuten backen.

Dänische Gewürzkekse

Zutaten
250 g Butter
200 g Zucker
125 g Zuckerrüben Sirup
80 g gehackte Mandeln
80 g gehacktes Zitronat
1/2 TL gemahlene Gewürznelken
2 TL gemahlener Zimt
1/2 TL. Ingwerpulver
7 g Pottasche

1 Pck. Vanillezucker
500g Mehl

Zubereitung
Alle Teigzutaten in den Mixtopf geben. Auf Stufe 5/ 30 Sekunden mixen, danach auf Teigstufe 2 Minuten kneten. 1 Stunde in den Kühlschrank stellen. Auf eine mit Mehl bestäubten Fläche ausrollen und Plätzchen ausstechen. Auf ein mit Backpapier ausgelegtes Blech geben. Bei 180 Grad ca. 18 Minuten backen. Nach Belieben mit Puderzucker einstäuben.

Walnusskipferl

Zutaten
100 g Walnüsse, gemahlen
50 g Mandeln, gemahlen
275 g Mehl
150 g Zucker
2 Pck. Vanillezucker
1 Prise Salz
1 Ei
220 g Butter
1 Prise Zimt

Zubereitung
Alle Teigzutaten in den Mixtopf geben. Auf Stufe 5/ 30 Sekunden mixen, danach auf Teigstufe 2 Minuten kneten. Auf einer mit Mehl bestreuten Fläche geben und zu Rollen formen. 1 Stunde in den Kühlschrank stellen. Von den Rollen ca. 1 cm dicke Scheiben abschneiden und zu Kipferl formen. Auf ein mit Backpapier ausgelegtes Blech geben. Bei 180 Grad ca. 20 Minuten backen. In eine Dose geben und eventuell mit Zucker bestäuben.

Vanille Kipferl

Zutaten
200 g Mehl
80 g Zucker
175 g Butter, weich
2 Eigelbe
100 g Mandeln, gemahlen
Mark einer Vanilleschote
1 Prise Salz
Puderzucker zum Wälzen

Zubereitung
Alle Teigzutaten in den Mixtopf geben. Auf Stufe 5/ 30 Sekunden mixen, danach auf Teigstufe 2 Minuten kneten. Auf einer mit Mehl bestreuten Fläche geben und zu Rollen formen. 1 Stunde in den Kühlschrank stellen. Von den Rollen ca. 1 cm dicke Scheiben abschneiden und zu Kipferl formen. Auf ein mit Backpapier ausgelegtes Blech geben. Bei 180 Grad ca. 20 Minuten backen. In eine Dose geben und eventuell in Puderzucker wälzen.

Schneeflöckchen

Zutaten
250 g Butter
100 g Puderzucker
1 Prise Salz
1 Pck. Vanillezucker
200 g Stärkemehl
140 g Mehl

Zubereitung
Alle Teigzutaten in den Mixtopf geben. Auf Stufe 5/ 30 Sekunden mixen, danach auf Teigstufe 2 Minuten kneten. Zu ca. 2 cm dicke Rollen formen und eine Stunde in den Kühlschrank stellen. Anschließend in gleichmäßige Scheiben schneiden und mit bemehlter Gabel breitdrücken.
Bei 180 Grad ca. 18 Minuten backen.

Zimtbällchen

Zutaten
100 g Butter
150 g Mehl
1 TL Zimt, gemahlen
100 g Zucker
1 Eigelb
1 Prise Salz

Zubereitung
Alle Teigzutaten in den Mixtopf geben. Auf Stufe 5/ 30 Sekunden mixen, danach auf Teigstufe 2 Minuten kneten. 1 Stunde in den Kühlschrank stellen. Auf eine mit Mehl bestäubten Fläche und zu kleinen Bällchen formen.
Auf ein mit Backpapier ausgelegtes Blech geben. Bei 180 Grad ca. 18 bis 20 Minuten backen. Nach Belieben verzieren oder in Zucker wälzen.

Marzipan Kokosmakronen

Zutaten
180 g Kokosraspeln
5 Eiweiße
250 g Puderzucker
400 g Marzipanrohmasse
2 Essl. Rum
180 g Zucker
1 Prise Zimt

Zubereitung

Alle Teigzutaten in den Mixtopf geben. Auf Stufe 5/ 30 Sekunden mixen, danach auf Teigstufe 2 Minuten kneten. 1 Stunde in den Kühlschrank stellen. Mit zwei Löffeln kleine Häufchen abstechen und auf ein mit Backpapier ausgelegtes Blech geben. Bei 180 Grad ca. 18 Minuten backen.

Zimt Haferkekse

Zutaten
80 g Haselnüsse, gemahlen
80 g Zucker
50 g Honig
1 TL Zimt
120 g Butter, weich
120 g Haferflocken
120 g Weizenmehl
1 TL Backpulver
1 Prise Salz

Zubereitung
Alle Teigzutaten in den Mixtopf geben. Auf Stufe 5/ 30 Sekunden mixen, danach auf Teigstufe 2 Minuten kneten. 1 Stunde in den Kühlschrank stellen. Mit zwei Löffeln kleine Häufchen abstechen und auf ein mit Backpapier ausgelegtes Blech geben. Bei 180 Grad ca. 20 Minuten backen.

Muskatplätzchen

Zutaten
150 g Butter, weich
125 g Zucker
1 Ei
abgeriebene Schale einer
halben Bio Zitrone
1 gute Prise Muskatnuss, gemahlen
1 Prise Zimt
1 Prise Gewürznelken
150 g Mehl
125g gemahlene Haselnüsse
125g Semmelbrösel

Zubereitung
Alle Teigzutaten in den Mixtopf geben. Auf Stufe 5/ 30 Sekunden mixen, danach auf Teigstufe 2 Minuten kneten. 1 Stunde in den Kühlschrank stellen. Auf eine mit Mehl bestäubten Fläche ausrollen und Plätzchen ausstechen. Auf ein mit Backpapier ausgelegtes Blech geben. Bei 180 Grad ca. 18 Minuten backen.

Butterplätzchen

Zutaten
200 g weiche Butter
1 Pck. Vanillezucker
150 g Zucker
330 g Mehl
100 g Speisestärke
1 Ei
1 EL Zitronensaft

Verzierung
Nach Belieben, zum Beispiel Glasur, Zuckerartikel, Schokoladenartikel

Zubereitung
Alle Teigzutaten in den Mixtopf geben. Auf Stufe 5/ 30 Sekunden mixen, danach auf Teigstufe 2 Minuten kneten. 1 Stunde in den Kühlschrank stellen. Auf eine mit Mehl bestäubten Fläche ausrollen und Plätzchen ausstechen. Auf ein mit Backpapier ausgelegtes Blech geben. Bei 180 Grad ca. 18 Minuten backen. Nach Belieben verzieren.

Lebkuchen Mandeln

Zutaten
150 g Wasser
250 g brauner Zucker
1 Pck. Vanillezucker
1 TL Zimt
1 TL Lebkuchengewürz
400 g Mandeln

Zubereitung

Wasser, Zucker, Vanillezucker, Zimt und Lebkuchengewürz in den Mixtopf geben. Bei 120 Grad/ 2 Minuten/ Stufe 1 auflösen. Nun die Mandeln hinzugeben und 20 Minuten/ Stufe 1/ 100 Grad aufkochen. Den Backofen auf 180 Grad vorheizen und ein Backblech mit Backpapier belegen. Die Masse auf das Backblech geben und alles bei 180 Grad ca. 13 – 15 Minuten backen. Auf jeden Fall die Mandeln unter Beobachtung halten, da die Röstzeit von Ofen zu Ofen schwanken kann. Guten Appetit.

Zimt Macarons

Zutaten
Macaronschalenteig
125 g gemahlene weiße Mandeln
150 g Puderzucker
100 g Zucker, fein
4 Eiweiße
1/2 TL Zimt

Füllung
100 g gehackte weiße Schokolade
50 g Sahne
50 g gehackte Haselnüsse
½ TL Zimt

Zubereitung
Wir beginnen mit den Macaronschalen.
Mandeln und Puderzucker in den Mixtopf geben und nochmals auf Stufe 10/ 15 Sekunden mahlen. In eine Schüssel umfüllen.
Den Topf reinigen. Den Schmetterling einsetzen und das Eiweiß einfüllen. Auf Stufe 4/ ca. 2 Minuten steif schlagen. Den Schmetterling entfernen. Nun die übrigen Teigzutaten hinzugeben. Wer mag, kann noch ein paar Tropfen Lebensmittelfarbe hinzugeben. Auf Stufe 2/ 15 Sekunden rühren. Die Masse in einem Spritzbeutel umfüllen. Ein Backblech mit Backpapier belegen. Die Masse portionsweise mit dem Spritzbeutel auf das Blech setzen. Die Masse bei 150 Grad Umluft ca. 15 Minuten backen. Die Schalen abkühlen lassen.

Heidelbeere Macarons

Zutaten
Macaronschalenteig
125 g gemahlene weiße Mandeln
150 g Puderzucker
100 g Zucker, fein
4 Eiweiße

Füllung
250 g Butter
Mark einer Vanilleschote
140 g Puderzucker
50 g Heidelbeermarmelade
1 Prise Zimt
160 g Mandeln gemahlen

Zubereitung
Wir beginnen mit den Macaronschalen.
Mandeln und Puderzucker in den Mixtopf geben und nochmals auf Stufe 10/ 15 Sekunden mahlen. In eine Schüssel umfüllen.
Den Topf reinigen. Den Schmetterling einsetzen und das Eiweiß einfüllen. Auf Stufe 4/ ca. 2 Minuten steif schlagen. Den Schmetterling entfernen. Nun die übrigen Teigzutaten hinzugeben. Wer mag, kann noch ein paar Tropfen

Lebensmittelfarbe hinzugeben. Auf Stufe 2/ 15 Sekunden rühren. Die Masse in einem Spritzbeutel umfüllen. Ein

Backblech mit Backpapier belegen. Die Masse portionsweise mit dem Spritzbeutel auf das Blech setzen. Die Masse bei 150 Grad Umluft ca. 15 Minuten backen. Die Schalen abkühlen lassen.

Füllung

Alle Zutaten für die Füllung in den sauberen Mixtopf geben. Auf Stufe 5/ 30 Sekunden schlagen. Man braucht eine Macaronschale als Oberteil und eine als Unterteil. Die Schalen mit der Masse füllen und kaltstellen.

Knusprige Kaffee Plätzchen

Zutaten
280 g Butter, weich
180 g Zucker
400 g Mehl
1 Pck. Vanillezucker
2 EL Instant Kaffee

Zubereitung
Alle Zutaten in den Mixtopf einwiegen und auf Stufe 5/ 30 Sekunden mixen. Danach auf Brotstufe/ 2 Minuten kneten. Ein Backpapier auf ein Backblech legen. Den Teig auf eine mit Mehl eingestäubte Fläche geben und ausrollen. Plätzchen ausstechen und auf das Backpapier geben. Im auf 180 Grad Vorgeheizten Backofen ca. 12 bis 15 Minuten backen. Nach Belieben verzieren.

Haferflocken Nuss Plätzchen

Zutaten
100 g Mandeln gemahlen
120 g Zucker
1 Ei
80 g Mehl
125 g Butter
90 g Haferflocken zart
1 TL Backpulver
1 Prise Zimt
1 Prise Muskat

Zubereitung
Alle Zutaten in den Mixtopf einwiegen. Auf Stufe 7 / 30 Sekunden zerkleinern. Nun auf Teigstufe 2 Minuten kneten. Ein Backblech mit Backpapier auskleiden und mit dem Löffel kleine Teighäufchen darauf geben. Etwas Platz lassen, da sie noch auseinander laufen. Bei 200 Grad ca. 15 bis 18 Minuten backen.

Spekulatius

Zubereitung
250 g Mehl
1/2 TL Backpulver
50 g Mandeln gemahlen
100 g Butter, weich
100 g Zucker
1 EL Vanillezucker
1 EL Spekulatiusgewürz
1 Prise Zimt
1 Prise Salz
1 Ei

Zubereitung
Alle Zutaten in den Mixtopf geben und auf Stufe 5/ 1 Minute mischen. Teig etwas nach unten schieben und nochmals 30 Sekunden/ Stufe 5 mischen. Auf eine mit Mehl ausgestreute Fläche ausrollen. Entweder mit dem Spekulatiusholz Plätzchen austollen, oder die ausgerollte Fläche in kleine Rechtecke schneiden. Ein Backblech mit Backpapier auslegen. Die Plätzchen darauf geben. Ca. 20 Minuten bei 180 Grad goldgelb backen.

Gewürzschnitten

Zutaten
100 g Haselnüsse
50 g Walnüsse gehackt
50 g Mandeln gehackt
250 g Butter, weich
300 g Zucker
1 Pck. Vanillezucker
250 g Mehl
4 Eier
1 Pck. Puddingpulver Schokolade
1 Pck. Backpulver
1 EL Lebkuchengewürz
120 g Sahne
2 EL Kakaopulver
2 EL Rum

Belag
Zartbitter Kuvertüre

Zubereitung
Alle Zutaten für den Teig in den Mixtopf einwiegen. Auf Stufe 5/ 1 Minute vermischen. Ein Backblech mit Backpapier belegen und den Teig darauf schütten. Bei 200 Grad ca. 20 bis 25 Minuten backen. Die Kuvertüre nach Anweisung schmelzen und den Kuchen damit bestreichen.

Eierlikör Kuchen

Zutaten
120 g Mehl
140 g Speisestärke
1 Pck. Backpulver
5 Eier
250 g Zucker
1 Pck. Vanillezucker
300 g Eierlikör
250 g Speiseöl
1 Prise Zimt

Zubereitung
Alle Zutaten in den Mixtopf einwiegen und auf Stufe 5/ 1 Minute mixen. Eine Kuchenform ausfetten und den Teig hinein geben. Ca. 1 Stunde bei 180 Grad backen.

Haselnuss Zimt Kuchen

Zutaten
Teig
250 g Sahne
180 g Zucker
250 g Mehl
1 Backpulver
Saft einer Zitrone
4 Eier
1 Prise Salz
1 Vanillezucker
1 TL Zimt

Belag
150 g weiche Butter
180 g Zucker
1 Vanillezucker
100 g Haselnuss geraspelt
½ TL Zimt

Zubereitung
Alle Zutaten in den Mixtopf geben und 2 Minuten auf Teigstufe glatt rühren. Den Teig auf ein mit Backpapier ausgelegtes Bleck schütten und ca. 15 Minuten auf Ober- und Unterhitze bei 180 Grad backen.
Nun die Zutaten für den Belag in den ausgespülten Mixtopf geben. Auf Stufe 3 / 45 Sekunden verrühren.
Auf den Kuchen geben und nochmals 10 Minuten backen.

Apfel Zimt Muffins

Zutaten
250 g Äpfel in Stücken
2 Eier
130 g Zucker
80 g Öl
180 g Apfelsaft
300 g Mehl
1 Pck. Backpulver
150 g Mandeln, gemahlen
1 TL Zimt

Zubereitung

Alle Zutaten in den Mixtopf einwiegen und auf Stufe 5/ 1 Minute mixen. Ein Muffinblech mit Muffin Förmchen auskleiden und die Mulden zu zwei Dritteln mit dem Teig füllen. Bei 10 Grad 20 bis 25 Minuten backen.

Apfel Marzipan Muffins

Zutaten
250 g Äpfel in Stücken
80 g Marzipanrohmasse
1 Fläschchen Bittermandelöl
2 Eier
130 g Zucker
80 g Öl
180 g Apfelsaft
300 g Mehl
1 Pck. Backpulver
150 g Mandeln, gemahlen

Zubereitung
Alle Zutaten in den Mixtopf einwiegen und auf Stufe 5/ 1 Minute mixen. Ein Muffinblech mit Muffin Förmchen auskleiden und die Mulden zu zwei Dritteln mit dem Teig füllen. Bei 180 Grad 20 bis 25 Minuten backen.

Apfel Nuss Brot

Zutaten
600 g Äpfel, geviertelt
100 g Orangensaft
100 g Butter
3 Eier
1 Pck. Vanillezucker
100 g Zucker
500 g Weizenmehl
1 Pck. Backpulver
100 g Schokolade, gehackt
1 TL Zimt
200 g Haselnüsse

Zubereitung
Die Äpfel in den Mixtopf geben und auf Stufe 5/ 30 Sekunden zerkleinern. Nun die übrigen Zutaten einwiegen Auf Stufe 5/ 1 Minute mischen. Eine Kastenform einfetten, oder mit Backpapier auskleiden. Den Teig hinein geben. Bei 200 Grad ca. 1 Stunde backen.

Zimt Curd

Zutaten
4 Eier
120 g Butter
400 g Zucker
140 g Kondensmilch
1 gehäufter TL Zimt

Zutaten
Alle Zutaten in den Mixtopf geben und ca. 20 Minuten / 90 Grad / Stufe 2 eindicken lassen. Die Masse umfüllen und im Kühlschrank aufbewahren.

Erdbeere Eierlikör Marmelade

Zutaten
700 g Erdbeeren
70 g Eierlikör
250 g Gelierzucker 3:1
Mark einer Vanilleschote

Zubereitung

Das Obst in den Mixtopf geben und 30 Sekunden / Stufe 4 zerkleinern. Nun die übrigen Zutaten einfügen. Nochmals kurz für 15 Sekunden auf Stufe 5 gut vermischen. Auf Stufe 1 / 100 Grad / 18 Minuten kochen. Die Marmelade kann abgefüllt werden.

Bananen Zimt Marmelade

Zutaten
750 g Bananen, geschält
1 TL Zimt
250 g Gelierzucker 3:1
Mark einer Vanilleschote

Zubereitung
Das Obst in den Mixtopf geben und 30 Sekunden / Stufe 4 zerkleinern. Nun die übrigen Zutaten einfügen. Nochmals kurz für 15 Sekunden auf Stufe 5 gut vermischen. Auf Stufe 1 / 100 Grad / 18 Minuten kochen. Die Marmelade kann abgefüllt werden

Maronen Pflaumen Marmelade

Zutaten
350 g Maronen, gekocht
350 g Pflaumen
250 g Gelierzucker 3:1
½ TL Zimt

Zubereitung
Das Obst in den Mixtopf geben und 30 Sekunden / Stufe 4 zerkleinern. Nun die übrigen Zutaten einfügen. Nochmals kurz für 15 Sekunden auf Stufe 5 gut vermischen. Auf Stufe 1 / 100 Grad / 18 Minuten kochen. Die Marmelade kann abgefüllt werden.

Apfel Spekulatius Marmelade

Zutaten
750 g Äpfel, geschält und entkernt
1 TL Spekulatius Gewürz
250 g Gelierzucker 3:1
Mark einer Vanilleschote

Zubereitung
Das Obst in den Mixtopf geben und 30 Sekunden / Stufe 4 zerkleinern. Nun die übrigen Zutaten einfügen. Nochmals kurz für 15 Sekunden auf Stufe 5 gut vermischen. Auf Stufe 1 / 100 Grad / 18 Minuten kochen. Die Marmelade kann abgefüllt werden.

Pflaumen Lebkuchen Marmelade

Zutaten
750 g Pflaumen, entsteint
1 TL Lebkuchen Gewürz
40 g Kakao
250 g Gelierzucker 3:1

Zubereitung

Das Obst in den Mixtopf geben und 30 Sekunden / Stufe 4 zerkleinern. Nun die übrigen Zutaten einfügen. Nochmals kurz für 15 Sekunden auf Stufe 5 gut vermischen. Auf Stufe 1 / 100 Grad / 18 Minuten kochen. Die Marmelade kann abgefüllt werden.

Apfel Zimt Ingwer Marmelade

Zutaten
700 g Äpfel, entkernt und geschält
50 g Zitronensaft
250 g Gelierzucker 3:1
½ TL Zimt
½ TL Ingwer

Zubereitung
Das Obst in den Mixtopf geben und 30 Sekunden / Stufe 4 zerkleinern. Nun die übrigen Zutaten einfügen. Nochmals kurz für 15 Sekunden auf Stufe 5 gut vermischen. Auf Stufe 1 / 100 Grad / 18 Minuten kochen. Die Marmelade kann abgefüllt werden.

Brombeeren Rum Marmelade

Zutaten
700 g Brombeeren
70 g Rum
250 g Gelierzucker 3:1
Mark einer Vanilleschote

Zubereitung
Das Obst in den Mixtopf geben und 30 Sekunden / Stufe 4 zerkleinern. Nun die übrigen Zutaten einfügen. Nochmals kurz für 15 Sekunden auf Stufe 5 gut vermischen. Auf Stufe 1 / 100 Grad / 18 Minuten kochen. Die Marmelade kann abgefüllt werden.

Datteln Schokolade Marmelade

Zutaten
650 g Datteln
100 g Schokolade, gehackt
250 g Gelierzucker 3:1
Mark einer Vanilleschote

Zubereitung
Das Obst in den Mixtopf geben und 30 Sekunden / Stufe 4 zerkleinern. Nun die übrigen Zutaten einfügen. Nochmals kurz für 15 Sekunden auf Stufe 5 gut vermischen. Auf Stufe 1 / 100 Grad / 18 Minuten kochen. Die Marmelade kann abgefüllt werden.

Weihnachts Creme Capuccino

Zutaten
400 g Zucker
1 Pck. Vanillezucker
2 EL Lebkuchengewürz
70 g Kakaopulver
80 g löslicher Kaffee
300 g Kaffeeweißer
1 Prise Zimt

Zubereitung
Alle Zutaten in den Mixtopf einwiegen und auf höchster Stufe 30 Sekunden pulverisieren. Entweder in Zellophan Beutel verpacken und verzieren, oder in Gläsern abfüllen.

Gewürz Likör

Zutaten
600 g Sahne
200 g Weinbrand
50 g Rum
2 TL Zimt
2 TL Lebkuchengewürz
2 TL Vanillezucker
50 g Vollmilch Schokolade
120 g Zucker
1 Ei

Zubereitung
Außer den Alkohol alle Zutaten in den Mixtopf geben. Alles für 6 Minuten/ Stufe 2/ 90 Grad erhitzen. Jetzt den Alkohol hinzugeben. Nochmals 5 Minuten/ Stufe 2/ 90 Grad. In eine Flasche umfüllen und im Kühlschrank aufbewahren.

Marzipan Likör

Zutaten
150 g weiße Schokolade
120 g Zucker
1 Ei
500 g Sahne
300 g Amaretto
100 g Rum

Zubereitung
Die Schokolade in den Mixtopf geben und 10 Sekunden auf Stufe 5 zerkleinern. Die übrigen Zutaten in den Mixtopf geben. 11 Minuten/ Stufe1/ 90 Grad. In eine Flasche umfüllen und im Kühlschrank aufbewahren.

Weihnachts Apfelmus

Zutaten
750 g Apfel, geviertelt
1 TL Zimt, gemahlen
1 TL Vanille-Zucker
100 g Marzipan Rohmasse
50 g Zitronensaft
80 g Zucker

Zubereitung
Alle Zutaten in den Mixtopf einwiegen und auf Stufe 5/ 15 Sekunden zerkleinern. Auf Stufe 2/ 100 Grad/ 12 Minuten erhitzen. Guten Appetit!

Bunte Smoothies

Granatapfel Smoothie

Zutaten
Inhalt eines Granatapfels
300 g Buttermilch
100 g Mineralwasser
Saft einer Zitrone
50 g Zucker
10 Eiswürfel

Zubereitung
Alle Zutaten nacheinander in den Mixtopf geben. Auf Stufe 5 / 1 Minute mischen. In saubere Gläser füllen und genießen.

Affenbrot Smoothie

Zutaten
2 Bananen
50 g Schokolade
400 g Joghurt
50 g Sahne
100 g Mineralwasser
Saft einer Zitrone
1 Prise Zimt
50 g Honig
10 Eiswürfel

Zubereitung
Alle Zutaten nacheinander in den Mixtopf geben. Auf Stufe 5 / 1 Minute mischen. Eventuelle nochmals alles mit den Spatel nach unten schieben. In saubere Gläser füllen und kalt stellen.

Cerealien Smoothie

Zutaten
2 Bananen
400 g Milch
80 g Honig
60 g Haferflocken
30 g Cornflakes
1 Pck. Vanille Zucker

Zubereitung
Alle Zutaten nacheinander in den Mixtopf geben. Auf Stufe 5 / 1 Minute mischen. In saubere Gläser füllen und genießen.

Birnen Smoothie

Zutaten
2 weiche Birnen, geviertelt
1 Prise Zimt
20 g Schoko Raspeln
350 g Wasser
2 EL braunen Zucker
40 g Honig

Zubereitung
Alle Zutaten nacheinander in den Mixtopf geben. Auf Stufe 5 / 45 Sekunden mischen. Umfüllen und genießen.

Avocado Spinat Bananen Smoothie

Zutaten
Fleisch einer Avocado
1 Banane
30 g Spinat, frisch
300 g Joghurt
100 g Mineralwasser
Saft einer Zitrone
60 g Zucker
1 Prise Salz
10 Eiswürfel

Zubereitung
Alle Zutaten nacheinander in den Mixtopf geben. Auf Stufe 5 / 1 Minute mischen. In saubere Gläser füllen und genießen.

Heidelbeere Mango Smoothie

Zutaten
100 g Heidelbeeren
1 Mango, geschält, in Stücken
300 g Buttermilch
100 g Joghurt
80 g Zucker
1 Pck. Vanille Zucker

Zubereitung
Alle Zutaten nacheinander in den Mixtopf einwiegen. Auf Stufe 3 / 45 Sekunden mischen. In saubere Gläser füllen und genießen.

Heidelbeere Orangen Bananen Mohn Smoothie

Zutaten
Fleisch einer Orange
100 g Heidelbeeren
2 Bananen
20 g Mohn
1 Pck. Vanille Zucker
1 Prise Zimt
2 EL Zitronensaft
350 g Mineralwasser

Zubereitung
Alle Zutaten außer den Mohn nacheinander in den Mixtopf geben. Auf Stufe 5 / 1 Minute mischen. Nun Mohn hinzu geben und nochmals 20 Sekunden auf Stufe 3 mischen. In saubere Gläser füllen und genießen.

Zitronen Minze Smoothie

Zutaten
Saft von zwei Zitronen
10 Pfefferminzblätter
500 g Joghurt
50 g Sahne
50 g Zucker
50 g Honig

Zubereitung
Alle Zutaten nacheinander in den Mixtopf geben. Auf Stufe 5 / 1 Minute mischen. In saubere Gläser füllen und genießen.

Erdbeer Bananen Smoothie

Zutaten
200 g Erdbeeren
2 Bananen
300 g Buttermilch
50 g Haferflocken
100 g Mineralwasser
Saft einer Zitrone
50 g Zucker
10 Eiswürfel

Zubereitung
Alle Zutaten nacheinander in den Mixtopf geben. Auf Stufe 5 / 1 Minute mischen. In saubere Gläser füllen und genießen.

Aprikosen Honig Smoothie

Zutaten
200 g Aprikosen, in Hälften
80 g Honig
1 Prise Zimt
1 Prise Muskat
1 Pck. Vanille Zucker
400 g Mineralwasser

Zubereitung
Alle Zutaten nacheinander in den Mixtopf einwiegen. Auf Stufe 5 / 1 Minute mischen. In saubere Gefäße umfüllen und kalt stellen.

Bunte Fruchtexplosion

Zutaten
1 Ananas in Stücken
50 g Himbeeren
50 g Heidelbeeren
Saft einer Zitrone
1 Banane
300 g Buttermilch
100 g Joghurt
100 g Mineralwasser
90 g Zucker
10 Eiswürfel

Zubereitung
Alle Zutaten nacheinander in den Mixtopf geben. Auf Stufe 5 / 1 Minute mischen. Alles nochmals nach unten schieben und 30 Sekunden / Stufe 3. In saubere Gläser füllen und genießen.

Feigen Schoko Smoothie

Zutaten
Fruchtfleisch von 4 Feigen
50 g Schokolade
400 g Buttermilch
100 g Sahne
½ TL Zimt
1 Pck. Vanille Zucker
50 g Honig
70 g Zucker

Zubereitung
Alle Zutaten nacheinander in den Mixtopf geben. Auf Stufe 5 / 1 Minute mischen. In saubere Gläser füllen und genießen.

Mandarinen Mango Bananen Smoothie

Zutaten
2 Mandarinen, geschält
1 Mango, geschält, in Stücken
2 Bananen
Fleisch einer Orange
500 ml Orangensaft

Zubereitung
Alle Zutaten nacheinander in den Mixtopf geben. Auf Stufe 3 / 45 Sekunden mischen. In saubere Gläser füllen und genießen. Eventuell noch mit einer Zitronen Scheibe dekorieren.

Möhren Smoothie

Zutaten
200 g Möhren, in Stücken
500 g Orangensaft
60 g brauner Zucker
1 Prise Ingwer
Saft einer Zitrone
1 Prise Pfeffer

Zubereitung
Alle Zutaten nacheinander in den Mixtopf geben. Auf Stufe 5 / 1 Minute mischen. Eventuelle Reste nach unten schieben und nochmals 30 Sekunden / Stufe 3. In saubere Gläser füllen und genießen.

Avocado Bananen Mandel Smoothie

Zutaten
Fruchtfleisch einer Avocado
2 Bananen
600 ml Mandelmilch
100 g brauner Zucker
50 g Haferflocken
1 Prise Zimt

Zubereitung
Alle Zutaten nacheinander in den Mixtopf geben. Auf Stufe 5 / 1 Minute mischen. Eventuelle Reste nach unten schieben und nochmals 30 Sekunden / Stufe 3.
In saubere Gläser füllen und genießen.

Orangen Ingwer Smoothie

Zutaten
Fruchtfleisch von 2 Orangen
500 ml Orangesaft
Saft einer Zitrone
10 Eiswürfel
1 Prise Ingwer

Zubereitung
Alle Zutaten nacheinander in den Mixtopf geben. Auf Stufe 5 / 1 Minute mischen. Eventuelle Reste nach unten schieben und nochmals 30 Sekunden / Stufe 3.
In saubere Gläser füllen und genießen.

Grüne Smoothies

Kiwi Gurken Smoothie

Zutaten
200 g Kiwis, in Stücken
1 Salatgurke, geschält, in Stücken
300 g Apfelsaft
50 g Zitronensaft
80 g Zucker
1 Prise Salz

Zubereitung
Alle Zutaten nacheinander in den Mixtopf geben. Auf Stufe 5 / 1 Minute mischen. Eventuelle Reste nach unten schieben und nochmals 30 Sekunden / Stufe 3. In saubere Gläser füllen und genießen.

Limetten Traum

Zutaten
2 Limetten, geschält, in Stücken
500 g Buttermilch
½ Banane
80 g brauner Zucker
1 Prise Ingwer

Zubereitung
Alle Zutaten nacheinander in den Mixtopf geben. Auf Stufe 5 / 1 Minute mischen. Eventuelle Reste nach unten schieben und nochmals 30 Sekunden / Stufe 3. In saubere Gläser füllen und genießen.

Spinat Granatapfel Smoothie

Zutaten
100 g Spinat, frisch
50 g Erdbeer Marmelade
Fleisch eines Granatapfels
500 g Joghurt
100 g Sahne
1 TL Zucker
1 TL Salz
1 Prise Pfeffer
1 Prise Salz

Zubereitung
Alle Zutaten nacheinander in den Mixtopf geben. Auf Stufe 5 / 1 Minute mischen. Eventuelle Reste nach unten schieben und nochmals 30 Sekunden / Stufe 3.
Nochmals abschmecken. In saubere Gläser füllen und genießen.

Gurken Schnittlauch Smoothie

Zutaten
1 Gurke, in Stücken
½ Bund Schnittlauch
1 Knoblauch Zehe, gepresst
½ TL Salz
1 Prise Pfeffer
1 Prise Chili
1 Prise Ingwer

Zubereitung
Alle Zutaten nacheinander in den Mixtopf geben. Auf Stufe 5 / 1 Minute mischen. Eventuelle Reste nach unten schieben und nochmals 30 Sekunden / Stufe 3. Umfüllen und hübsch drapieren.

Grünkohl Smoothie

Zutaten
1 Hand voll Grünkohl Blätter
1 Banane
300 g Apfelsaft
30 g Zucker
1 Prise Pfeffer
5 Eiswürfel

Zubereitung
Alle Zutaten nacheinander in den Mixtopf geben. Auf Stufe 5 / 1 Minute mischen. Eventuelle Reste nach unten schieben und nochmals 30 Sekunden / Stufe 3.
In saubere Gläser füllen und genießen.

Rosenkohl Spinat Smoothie

Zutaten
1 Hand voll Grünkohl Spinat
200 g Rosenkohl
300 g Mineralwasser
1 TL Zucker
1 TL Salz
1 Prise Pfeffer
5 Eiswürfel

Zubereitung
Alle Zutaten nacheinander in den Mixtopf geben. Auf Stufe 5 / 1 Minute mischen. Eventuelle Reste nach unten schieben und nochmals 30 Sekunden / Stufe 3.
In saubere Gläser füllen und genießen.

Apfel Staudensellerie Smoothie

Zutaten
3 Stangen Staudensellerie
2 grüne Äpfel, geschält und geviertelt
½ Bund Petersilie
500 g Apfelsaft
1 Prise Pfeffer
1 Prise Ingwer

Zubereitung
Alle Zutaten nacheinander in den Mixtopf geben. Auf Stufe 5 / 1 Minute mischen.
In saubere Gläser füllen und genießen.

Schnittlauch Salat Smoothie

Zutaten
1 Hand voll Salat
½ Bund Schnittlauch
300 g Apfelsaft
30 g Zucker
1 Prise Pfeffer
5 Eiswürfel

Zubereitung
Alle Zutaten nacheinander in den Mixtopf geben. Auf Stufe 5 / 1 Minute mischen. Eventuelle Reste nach unten schieben und nochmals 30 Sekunden / Stufe 3.
In saubere Gläser füllen und genießen.

Spinat Bananen Smoothie

Zutaten
1 Hand voll Spinat
1 Banane
300 g Apfelsaft
30 g Zucker
1 Prise Pfeffer
5 Eiswürfel

Zubereitung
Alle Zutaten nacheinander in den Mixtopf geben. Auf Stufe 5 / 1 Minute mischen. Alles nochmals nach unten schieben und 5 Sekunden / Stufe 10. Umfüllen und genießen.

Gurken Joghurt Smoothie

Zutaten
1 Gurke, in Stucken
500 g Joghurt
1 Prise Chili
½ TL Salz
100 ml Mineralwasser
½ Bund Dill

Zubereitung
Alle Zutaten nacheinander in den Mixtopf geben. Auf Stufe 5 / 1 Minute mischen. Eventuelle Reste nach unten schieben und nochmals 30 Sekunden / Stufe 3.
In saubere Gläser füllen und genießen.

Honigmelonen Kiwi Smoothie

Zutaten
1 Honigmelone, geschält in Stücken
2 Kiwis, geschält in Stücken
60 g Zucker
500 g Joghurt
100 g Mineralwasser

Zubereitung
Alle Zutaten nacheinander in den Mixtopf geben. Auf Stufe 5 / 1 Minute mischen.
In saubere Gläser füllen und genießen.

Petersilien Gurken Smoothie

Zutaten
1 Gurke, geschält
½ Bund Petersilie
500 g Buttermilch
Saft einer Zitrone
½ TL Salz
10 Eiswürfel

Zubereitung
Alle Zutaten nacheinander in den Mixtopf geben. Auf Stufe 5 / 1 Minute mischen. Eventuelle Reste nach unten schieben und nochmals 30 Sekunden / Stufe 3.
In saubere Gläser füllen und genießen.

Nachtrag zum Impressum / Copyright

Shutterstock.com
- Witthaya P
- 5 Second Studio
- Africa Studio
- Anastasija
- AL 1972
- javna
- Amla Eka
- Barbara Neveu
- Phonelawat
- Dama
- Denio
- ES 75
- Saschanti 17
- Pixelbliss
- Lucky Business
- Dzika Mrowka
- Jo Millington
- Mllephoto
- Nada 54
- Nutr
- Timolina
- Zjasam
- Krutar
- Lecic

- AMP Photo Studio
- Jurgielewics
- ISchmidt
- Johan Larson

Herstellung und Verlag:
BoD - Books on Demand, Norderstedt
ISBN 978-3-7412-8356-7